Gisela H. Schmitz • Kleiner Schmetterling

GISELA H. SCHMITZ

Kleiner Schmetterling

Band II

Aus dem Reich der Lyrik

Gedichte, die von Herzen kommen
und zu Herzen gehen

Edition AVRA

Bibliografische Information der Deutschen Nationalbibliothek
Die Deutsche Nationalbibliothek verzeichnet diese Publikation in der Deutschen Nationalbibliografie; detaillierte bibliografische Daten sind im Internet über http://dnb.d-nb.de abrufbar.

Eine Marke der Frieling & Huffmann GmbH & Co. KG
Rheinstraße 46, 12161 Berlin
Telefon: 0 30 / 76 69 99-0
www.frieling.de

1. Auflage 2023
ISBN 978-3-8280-3802-8
Bildquelle: pixabay, iStock-ID: 1432577634 (Vladimir18)

Printed in Germany

Inhalt

Kleiner Schmetterling

Du bist frei geboren
zum Leben auserkoren
du fliegst hinauf ins Himmelslicht
Gut und Böse kennst du nicht
sorgenfrei fliegst du dahin
mein kleiner Schmetterling

Du fliegst im warmen Sommerwind
hin und her geschwind
komm', ruh' dich einmal aus
und setz' dich zu mir hin
mein lieber, kleiner Schmetterling

Ach, könnt' ich dich fragen
wohin dich deine Flügel tragen
wie gern käm' ich dann auch dorthin
wo du auch immer bist
gib auf dich acht
sei auf der Wacht
denn überall lauert auch das Böse
im großen Weltgetöse
du gehst mir nicht mehr aus dem Sinn
mein schöner, kleiner Schmetterling

Februar 2023

I. Teil

Herzensangelegenheiten

Eine weiße Rose

Da blühte im Verborgenen
eine weiße Rose
bis ein Knabe sie gesehen
da musste es geschehen

Er brach sie ab und gab sie
seinem liebsten Schatz
und die schöne Rose
fand in ihrem Herzen Platz

Dort blüht sie nun für immer
denn sie reichte ihm die Hand
und eine weiße Rose
zwei Herzen, die sich lieben
so für immer band

Januar 2011

Mein Geheimnis

Tief in mir ruht ein Geheimnis
auf meiner Seele Grund
du darfst nicht danach fragen
ich kann es dir nicht sagen
verschlossen bleibt mein Mund

Viele Jahre gingen hin
oft sah ich keinen Sinn
ich konnte nie darüber reden
so entschwand mein Leben

Am Ende meiner Zeit
ist es dann so weit
dass ich in einem Brief
mein Geheimnis niederschrieb

September 2006

Schweigen

Die Jahre sind verronnen
das große Schweigen hat begonnen
man hat sich nichts mehr zu sagen –
man hat nichts mehr zu fragen –
ein Abgrund hat sich aufgetan
und wer trägt die Schuld daran?
Schuld kann nur der andre sein
denn selbst ist man nicht so gemein!
Liebe war's ganz sicher nicht
was einfach so zerbricht
Ein jeder lebt nur noch sein Leben,
man hat sich ja nichts mehr zu geben!

März 1995

Ein Versprechen

Es ist so lange her
ich weiß es schon nicht mehr
da war mal ein Versprechen
auf ein Wiedersehen
es ist bis heute nicht geschehen

Viele Jahre gingen ins Land
ich suchte nach einem Menschen
den ich niemals fand
einen Menschen, so wie Dich
doch den gibt es nicht

So ging ich meinen Weg
muss ihn noch immer gehen
es gab mal ein Versprechen
auf ein Wiedersehen
ich glaub' nicht mehr daran
und hoffe einfach nur
dass ich vergessen kann

Mai 2009

VERGESSEN

Ich möchte vergessen
was einmal war
was einst geschah
vergessen, dass es dich gibt
vergessen, wie man liebt
es wäre so schön
wieder frei durchs Leben zu gehn

Warum ist das Vergessen so schwer
vielleicht weil dann das Leben so leer?
Warum denke ich immer wieder
an das bisschen Glück
es kommt doch nie mehr zurück
an die zärtlichen Stunden
die Herzen so nah
nein, ich kann nicht vergessen
die Erinnerung ist da

April 2008

Perlen und Gold

Er schenkte ihr Perlen, Silber und Gold
doch all diese Schätze hat sie niemals gewollt
nur eins wollte sie: Liebe
doch daran dachte er nie!

Sie wartete täglich auf ein zärtliches Wort
doch kam er dann, hieß es: Gleich muss ich fort!
Er gab ihr ein „Kästchen“ mit freundlichem Gruß
und auf die Stirn einen flüchtigen Kuss

Dann ist sie gegangen,
kam nie mehr zurück –
ein anderer schenkte ihr Liebe und Glück
er gab ihr viel mehr als Perlen und Gold
er gab auch sein Herz ihr
mehr hat sie niemals gewollt

1989

Allein

Wehmut zieht ins Herz hinein
und lässt mich traurig sein
warum die Sonne mir nicht scheint
warum der Himmel weint
niemand kann's mir sagen
niemand kann ich fragen
und ich bin allein

Doch wenn ein Stern in dunkler Nacht
nur für mich erwacht
fang' ich an zu träumen
von dir und auch vom Glücklichsein
jedoch ich bin allein

Es gibt auf dieser Welt
kein Herz, das für mich schlägt
wenn ich mal eines fand
dann war's auch gleich zu spät
es wird wohl mein Schicksal sein
ich bin und bleib' allein

August 2006

Auf einer Bank im Park

Auf einer Bank im Park
da habe ich oft gesessen
und konnte stundenlang
die Sorgen all' vergessen

Schaute in grüne Bäumen
und fing an zu träumen
lauschte der Vögelein Gesang
dem fröhlich', hellen Klang

Auf einer Bank im Park
fand ich mein Lebensglück
drum denke ich so gern
an diese Bank zurück

Juni 2007

Bleib' bei mir

Ich hab' noch tausend Fragen
hätt' dir noch viel zu sagen
doch du bist nicht mehr hier
heut' würde ich dir sagen:
„Bitte bleib' bei mir!"

Nach einem dummen Streit
gingst du einfach fort
jetzt lebst du fern von mir
in einem fremden Ort

Nun fühle ich die Einsamkeit
und kann es kaum ertragen
mir ist, als ob ich fast erfrier'
wie gern würd' ich dir sagen:
„Komm' zurück
und bleib' bei mir!"

Januar 2008

Seelenleid

Tief in meiner Seele
brennt ein Schmerz
verwirrt und ratlos
schlägt das Herz
weiß nicht, woher, wohin,
und sucht vergebens
nach dem Sinn des Lebens

Oftmals geht so gar nichts gut
und dann fehlt der Lebensmut
Was das Leben auch immer bringt
Schmerz und Leid
sind vorbestimmt

So lebt man
im öden Dasein
und am Ende des Weges
ist man sowieso allein

Mai 2021

Schmerz und Sehnsucht

Tief in mir brennt ein Schmerz
auch die Zeit wird ihn nicht heilen
und bis ans Ende meines Lebens
wird er dort verweilen

Niemand wird es sehen
und niemand wird's verstehen
nach außen soll es scheinen
als würd' ich niemals weinen

Und eine Sehnsucht ist erwacht
nach einer anderen Welt
denn so hatte ich mein Leben
mir nicht vorgestellt

Doch ein fester Glaube
an des Schicksals güt'ge Macht
lässt mich ein wenig hoffen
und gibt mir täglich Kraft

Februar 2011

Stummer Schrei

Ein stummer Schrei
zerreißt die Nacht
mein Herz, es will zerbrechen
und die Angst erwacht
das Liebste wurde mir geraubt
von einem Menschen
dem ich so vertraut'

Tief in der Seele
brennt der Schmerz
gleich einem Höllenfeuer
niemand wird es je verstehen
es ist so ungeheuer'

Wehmut – die so todesnah
ist ganz plötzlich da
finster soll es um mich sein –
ich trete in die Stille ein

Kannst du, o Gott,
die Kraft mir geben
noch für ein kleines bisschen Leben?
Oder löschst du das Lichtlein aus
nimmst mich bei der Hand
und führest mich nach Haus'?

August 2010

Die Zeit heilt keine Wunden

Ich wanderte durch Wald und Flur
war eins mit der Natur
mir war, als gingst du neben mir,
doch du bist nicht mehr hier

Der „Höchste“ hat es so gewollt
und dich heimgeholt
Es ist schon lange her
doch du fehlst mir immer noch so sehr

Meine Seele
ist vom Schmerz zerschunden
Es soll mir niemand sagen:
„Die Zeit heilt alle Wunden!“

Wenn mich mal jemand fragt,
ob wir glücklich waren
dann werde ich ihm sagen,
wir hatten eine gute Zeit
und ich habe nichts bereut
ich fühle mich noch heut’ mit dir verbunden
„die Zeit heilt keine Wunden“

September 2011

An einem Tag

Er ging an einem Tag
der voll Sonne war
da hat er sie verlassen
ganz ohne Kommentar

Sie weinte viele Tränen
dann war ihr Herz ganz leer
sie wollt' sich nicht mehr sehnen
wollt' keine Liebe mehr

Sie lebte nur im Dunkeln
konnt' nicht mehr fröhlich sein
man fing schon an zu munkeln
ihr Herz, das sei aus Stein

Sie konnte niemals zeigen
wie sie gelitten hat
und immer wird sie schweigen
bis ins kühle Grab

März 1988

Weltschmerz

Wenn ich einst
liege im kühlen Grund
spür' ich keine Schmerzen mehr
aus meinem Herzen wund
meine Seele fliegt dahin
wie ein Schmetterling

Bin ich angekommen
in der Ewigkeit
hab' ich's gleich vernommen
hier gibt es
weder Raum noch Zeit
hier ist eine andere Welt
wo nur der Frieden zählt

Mai 2023

Im kühlen Grund

Da liegst du nun im kühlen Grund
dein Leben ging dahin
deine Wunden,
deine Schmerzen
hatten keinen Sinn

Dein Leben war geprägt
von Arbeit und von Sorge
um das täglich' Brot
du hast ihn nicht verdient
diesen frühen Tod

Ein Herz, das dich noch immer liebt
blieb allein zurück
es kann nicht mehr nach vorne schauen
du nahmst die Zukunft mit

Wenn ich auch mit dem Schicksal hadre
sehe ich allmählich ein
du musst nun in Frieden ruhen
dort, im ew'gen Sein

November 2011

Ungeweinte Tränen

Auf meiner Seele Grund
ruhen ungeweinte Tränen
aus meinem Herzen wund

Die Zeit, sie ging dahin
mal mit, mal ohne Sinn
in Freude und in Schmerz
oft mit gebroch'nem Herz

Nun ruhen meine Sinne
still ist es um mich her
und was ich noch empfinde
das tröstet mich nicht mehr

Dezember 2004

Trauriges Herz

Hält dich dein traurig' Herz gefangen
siehst du nicht mehr der Sonne Licht
bist du alle Wege
immer nur allein gegangen
so verlier' die Hoffnung nicht
denn irgendwo auf dieser Welt
da lebt ein Mensch, der zu dir hält
ein guter Freund, der's ehrlich meint
und du wirst sehen
dass dir die Sonne wieder scheint

Januar 2007

Seelenschmerz

Wirre Gedanken
irren durch die schlaflose Nacht
und der Seelenschmerz erwacht

Das Herz schlägt laut und schwer
und wehrt sich dagegen sehr
es will den Schmerz nicht erkennen
und lässt ihn in der Seele brennen

Wie viel kann ein Mensch ertragen
ohne zu jammern und zu klagen?
Doch irgendwann, mit der Zeit,
ist alles vorbei
dann sind das Herz und
die Seele für immer frei

April 2011

Verlorene Träume

Als kleines Kind, da träumte ich
die Welt scheint nur im Sonnenlicht
die Menschen wären alle gut
es gäbe weder Hass noch Wut
ich war glücklich und so frei
doch plötzlich war der Traum vorbei

Viele Jahre sind verronnen
seit ein neuer Traum begonnen
ein Traum vom Glück zu zweit
von Liebe und von Seligkeit
doch mit der Zeit dann irgendwann
auch dieser Traum ins Nichts zerrann

Ach, so schnell verging die Zeit
kein Traum wurde jemals Wirklichkeit
zum Leben bin ich auserkoren
und alle, alle Träume
gingen mir verloren

Oktober 2004

Einen Herzschlag lang

Für einen Herzschlag lang
hab' ich Dich gesehen
irgendwo in der Menge gehen
für einen Herzschlag lang
ging die Welt unter im Sonnenschein
und ich glaubte schon
Du wärest mein

Doch Du wendetest Dich einfach ab
und der Himmel stürzte herab
mit einem Herzschlag verlor ich das Glück
das Schicksal holte es sich zurück
es war schon vorbei
eh es begann
es dauerte nur einen Herzschlag lang

Die Sonne und Du

Ich sah die Sonne untergehen
glutrot versank sie im Meer
unvergesslich schön
und Du warst neben mir

Ich spürte Deines Herzens Schlag
und wir waren eins
wir liebten uns mehr
an jedem Tag
doch durfte es nicht sein

In unserer letzten Nacht
wollte das Herz mir verbrennen
denn ehe die Sonne wieder aufging
mussten wir uns für immer trennen

März 2007

Am fremden Meer

In einer milden Sommernacht
stand ich am fremden Meer
und habe unter Tränen
an dich zurückgedacht

Am Himmel strahlten Sterne
unendlich fern, so weit
doch sah ich kaum die Schönheit
in meiner Einsamkeit

Würdest du auf mich warten
das Meer wär' nicht zu groß
noch heute käm' ich zu dir
und sei's mit einem Floß

Juni 1988

Verlorene Liebe

Ich seh' des Himmels Blau
doch dahinter
schon ein dunkles Grau
ich seh' die Wolken ziehen
mit ihnen zieht mein Glück
es zieht in die Unendlichkeit
und kehrt nie mehr zurück

Viele Jahre sind vergangen
es ist so viel geschehen
vorbei Hoffen und Bangen
es gab kein Wiedersehen
doch die Gedanken
wandern ohne Sinn
zu der verlorenen Liebe hin

Juli 2009

Leise, ganz leise …

Leise, ganz leise
hör' ich Musik
und die Gedanken
gehen auf die Reise
hin zu dir

Leise, ganz leise
hör' ich
deines Herzens Schlag
wie einst vor langer Zeit
an jenem Sommertag

Ich denke oft zurück
an die Vergangenheit
leise, ganz leise
verging die Zeit

Mai 2008

Liebling

Schon dreimal ging ich fort von dir
und nun bin ich wieder hier
du nahmst mich einfach in den Arm
mir wurde gleich ums Herz ganz warm
Leise sagtest du zu mir:
„Liebling, du bist mein Leben und mein Glück
und du kommst zu mir zurück!“

Würde ich ihn fragen:
„Warum wartetest du auf mich?“
Dann höre ich ihn sagen:
„Liebling, du weißt es doch:
Ich liebe dich!“

Nun will ich bei ihm verweilen,
den Rest des Lebens mit ihm teilen
denn inzwischen ist mir klar:
Dieser Mensch ist wunderbar
Mein Herz wird nur noch für ihn schlagen
und endlich kann auch ich
„Liebling“ zu ihm sagen

Januar 2012

Tausendmal …

Bin wohl schon mehr als
tausend Wege gegangen
mehr als tausend Tage verrannen
wohl mehr als tausend Nächte
hab' ich geträumt und gewacht
und immer nur an dich gedacht

Mehr als tausend Worte hab'
ich wohl schon geschrieben
doch alle Briefe sind liegen geblieben
wohl mehr als tausend Tränen hab' ich geweint
und sah nicht, dass die Sonne scheint

Wohl mehr als tausend Blätter fallen
wenn die Zeit gereift
wohl mehr als tausend Wolken ziehen
und mit ihnen zieht die Hoffnung dahin
bis in die Ewigkeit

August 2010

Chaos

Überall herrscht Chaos
meine Seele ist ein Scherbenhaufen
da ist kein Lichtschein in der Dunkelheit
die Chancen des Lebens sind dahin
wo war der Sinn –
wo ist der Sinn?

Mein Herz will einfach nicht verstehen
dass wir getrennte Wege gehen
und wenn ich dich
in diesem Chaos nicht entdecke
bleibt das Herz
und auch die Seele
auf der Strecke

April 2008

Unglück des Lebens

Das Unglück schreitet schnell
oft ist es wie ein Blitz zur Stell'
es schaut nicht nach den Reichen
und auch nicht nach den Armen
es schlägt einfach zu
und kennt kein Erbarmen

Siehst du vielleicht
ein Unglück kommen
dann laufe fort, so schnell es geht
zögerst du auch nur ein Weilchen
dann ist es auch schon zu spät

Das Unglück –
es gehört zu dieser Welt
wie schon seit ew'ger Zeit
und treffen kann es jeden
niemand ist dagegen gefeit

Mai 2012

Verzage nicht

Fällt dir das Leben auch oft schwer
und hast du keine Hoffnung mehr
siehst du nicht mehr der Sonne Licht
so bleibe stark
verzage nicht

Glaubst du manchmal
die Welt will untergehen
und niemand würde dich verstehen
denkst du vielleicht dein Herz zerbricht
bleib einfach stark
verzage nicht

Denn irgendwo, da scheint
für dich ein Hoffnungslicht
du musst es doch nur sehen
und hören
wenn eine Stimme zu dir spricht:
„Du bist doch stark,
verzage nicht!“

November 2010

SORGEN

Quälen dich
heute viele Sorgen
so verweise sie auf morgen
Morgen ist ein neuer Tag
mag kommen, was da kommen mag

Sorgenfrei und froh zu leben
das ist unser höchstes Streben
doch es wird uns nicht gelingen
denn dazu fehlt das Glück
in vielen Dingen

Fragt man nicht oft:
„Was ist denn morgen?“
Schon sind sie wieder da –
die SORGEN
Lass’ doch einfach mal die Sorgen sein –
denn was die Zukunft bringt
das weiß nur Gott allein

Juli 2014

HOFFNUNG

Ein Traum ging einst
für mich verloren
ein grausam' Herz
ihn jäh zerriss
doch Hoffnung ward
in mir geboren
der Liebe Sieg war mir gewiss

Nun warte ich schon Jahr um Jahr
wollt' manchmal schon verzagen
nur im Traum warst du einst da
muss wohl mein Schicksal tragen

Tut auch weh des Herzens Schlag
ist auch trüb so mancher Tag
geduldig sein im großen Leid
ein Herz, das liebt
auch stets verzeiht

Es kommt der Tag
da kehrst du heim
du fandest kein Zuhaus'
bei mir nur
wirst du glücklich sein
bei mir ruhst du dich aus

Januar 2008

Tal der Tränen

Durchs Tal der Tränen
musste ich gehen
und wusste nicht
wie mir geschehen
ein dunkler Weg
ganz ohne Licht
Hoffnung?
Nein! Die gab es nicht!

Da ist ein guter Freund
der es ehrlich meint
doch verstehen kann er nicht
dass meine Welt zerbricht

Sollte es noch Wunder geben
und eins davon
für mich geschehen
dann wird irgendwie das Leben
auch für mich weitergehen

August 2004

Glück und Leid

Sie tanzten eine ganze Nacht
vergaßen Zeit und Raum
das Glück hat ihnen zugelacht
sie lebten wie im Traum

Sie waren eins –
sie liebten sich –
an Abschied dachten beide nicht
doch ach – so schnell verging die Zeit
schon warteten Schmerz und Herzeleid

Der Morgen kam –
im fahlen Licht
küsst' er noch einmal ihr Gesicht
sein Abschiedsgruß: „Ich liebe dich"
vergisst sie nie, bis sie zerbricht

Er musste gehen
sie war nicht frei –
für IHN gab es nur SIE
doch für sie gab es DREI

November 1986

Nie wieder

Viele Jahre gingen dahin
die Liebe ergab nie mehr einen Sinn
nie wieder bitt're Tränen weinen
nie wieder nur warten auf den Einen
denn es hatte das Leben
mir noch viel Schönes zu geben

Mein Herz sollte nur mir gehören
nie wieder Treue schwören
nie wieder Schmerz und Trennung erfahren
ich liebte die Freiheit schon seit vielen Jahren

Doch das Schicksal hat es anders gesehen
ich wusste nicht, wie mir geschehen
denn plötzlich warst du da
mir unheimlich nah
du gabst mir alles, ohne zu fragen
nun weiß ich:
Ich werde niemals mehr
„nie wieder" sagen

Januar 2009

Stille Liebe

Viele Jahre sind vergangen
seit wir uns zuerst gesehen
noch immer spür' ich das Verlangen
mit dir Hand in Hand zu gehen
ich hätte damals nie gedacht
mich noch einmal zu verlieben
quasi über Nacht

Doch durfte es nicht sein
denn du bist nicht allein
du teilst schon lang mit ihr dein Leben
und sie ist dir treu ergeben
ich wusste gleich
dass nichts mir bliebe
als meine „stille Liebe“

Ich ging durch Sonnenschein und Regen
kämpfte gegen Sturm und Wind
manchmal war ich einsam
und weinte wie ein Kind

So viel Zeit ist nun verronnen
und mein Herz hat sich besonnen
entsagt dem Schmerz und auch dem Leid
doch meine „stille Liebe“
bleibt ihm für alle Zeit

Januar 2005

Heimliche Liebe

Da ist eine Liebe
aus Träumen geboren
sie bleibt ein Geheimnis
und ruht in der Seele
geht niemals verloren

Doch steigt sie empor
in einsamer Nacht
dann ist die Sehnsucht erwacht

Dann leuchten die Sterne
und der Wind flüstert leise:
„Komm' mit auf die Reise
ich bring' dich hin, wo die Liebe wohnt,
und dein Sehnsuchtsschmerz
wird mit Seligkeit belohnt

Bist du dann aus dem Traum erwacht
war es für dich die schönste Nacht
die heimliche Liebe
gehört dir allein
und wird für immer
dein Geheimnis sein

November 1986

Ganz nah

Wir sind immer
alle Wege gemeinsam gegangen
doch diesen einen Weg
musstest du alleine gehen
es war der Weg in die Dunkelheit
bis hin zum Licht der Ewigkeit
es war ein Weg ohne Wiederkehr
und du fehlst mir so sehr

Du wirst nie mehr die Sonne sehen
nie wieder des Mondes Licht
und auch die Sterne siehst du nicht
Nie wieder siehst du die Wolken ziehen
und nie mehr die Blumen blühen

Du hörst nie mehr des Meeres Rauschen
und kannst nie mehr dem Winde lauschen
doch das alles höre und sehe
ich nun für dich –
denn für mich bist du immer noch da
und mir ganz nah –

Du kannst mich nie mehr fragen:
„Wie geht es dir heut'?“
und mir nie mehr sagen, was dich erfreut
Du reichst mir nie mehr deine Hand
und wir wandern nie mehr durch unser Land
du hast gelitten, gekämpft und verloren
auch wenn du für immer gegangen bist –
eines ist gewiss:
Für mich bist du immer noch da
und mir ganz nah –

Mai 2012

Der Tag des Glücks

Suchst Du nach ungeweinten Tränen
wirst Du nach unerfülltem
Glück Dich sehnen
das Ziel ist weit
und schnell entflieht
des Lebens kurze Zeit

Es kommt der Tag in Deinem Leben
erfüllt wird dann des Herzens Sehnen
und weinen wirst Du Freudentränen
ein Traum wird dann zur Wirklichkeit
Ist er schon nah? Ist er noch weit?

Sei auf der Wacht
und gib fein acht
dass Du ihn nicht versäumst
es ist der Tag
von dem Du schon
ein ganzes Leben träumst

Mai 1986

Ein Weg zu Dir

Ich habe einen Weg gesucht
einen Weg zu Dir
doch konnte ich ihn nicht finden
konnte ihn nicht ergründen
denn Du warst so weit fort
viel zu weit von mir

Einst ging ich durch die Straßen
schaute in alle Gassen
um Dich vielleicht zu sehen
und vor Dir zu stehen
doch dann ich habe eingesehen
dass dies niemals wird geschehen

Nun suche ich nicht mehr
oft fühle ich mich leer
und traurig schlägt mein Herz
mit leisem Wehmutsschmerz

Liebster Freund
ich wünsch' Dir Glück
denk hin und wieder mal zurück
an jene schönen Stunden
als wir uns einst gefunden
ich träum' davon noch manchen Tag
weil ich Dich doch so sehr mag

September 2004

Warum willst du gehen?

Du stehst vor mir
zum letzten Mal schau' ich
in dein Gesicht
du willst mich verlassen
wie hab ich dich geliebt!
Oh könnt' ich dich doch hassen!

Du senkst deinen Blick
vielleicht denkst auch du
noch einmal zurück –
doch dein Mund bleibt stumm
zum letzten Mal, da frag ich dich:
Warum willst du gehen,
warum denn nur, warum?

Du reichst mir die Hand
und wendest dich ab
im gleichen Moment
stürzt der Himmel herab
reißt mich hinab
in den Abgrund der Not
verlorenes Glück –
die Liebe ist tot

Januar 1987

Bleib’ bei mir

Ich hab’ noch tausend Fragen
hätt’ dir noch viel zu sagen
doch du bist nicht mehr hier
heut’ würde ich dir sagen:
„Bitte bleib’ bei mir!“

Nach einem dummen Streit
gingst du einfach fort
jetzt lebst du fern von mir
in einem fremden Ort

Nun fühle ich die Einsamkeit
und kann es kaum ertragen
mir ist, als ob ich fast erfrier’
wie gern würd’ ich dir sagen:
„Komm’ zurück
und bleib’ bei mir!“

Januar 2008

Verlassenheit

Es ist dunkle Nacht
die Straßen sind leer
und ich gehe dahin ohne Sinn

Es regnet schon wieder
doch ich fühle es nicht
denn auch meine Tränen sind nass
im Herzen, da kämpfen Liebe und Hass

Meine Schritte verhallen
ein Schatten taucht auf –
irgendwo bellt ein Hund an der Ecke
ich nehme nichts wahr
es ist mir egal –
ich bleibe ja doch auf der Strecke

Dezember 1989

Auf der Suche

Ich geh' und geh' und suche Dich
dem Schatten gleich verfolgst Du mich
doch es gibt kein Entrinnen
dem ewig gleichen Sinnen

Wo magst Du sein, wie geht es Dir?
fandst Du das Glück
o glaube mir –
ich wär' zufrieden, wenn ich wüsst'
dass Du von Herzen glücklich bist

Es tut ja immer noch so weh
wenn ich im Geist Dich vor mir seh'
wenn Du im Traume bei mir bist
und doch schon längst die andre küsst
die nun an Deiner Seite geht
Dich nicht so kennt, nicht so versteht

Es klingt unglaublich und doch wahr
mein Herz sagt mir, Du bist mir nah
nicht trennen können
Meer und Land
was einst geschah, was uns verband

1988

Unser Leben

(und der „seidene Faden“)

Unser Leben hängt
an einem seidenen Faden
doch wir sind borniert
und wollen es nicht wahrhaben

Wir hetzen, jagen und rennen
sich nur keine Pause gönnen
auf unser Gewissen hören wir nicht
wenn es zu uns spricht:
Bleib doch einfach mal zu Haus’
und ruh’ dich aus!

Einfach so ausruhen?
Nein! Das kann nicht sein,
denn es geht doch nicht
ohne mich!
Es gibt so viel zu tun –
heute dies und morgen das
immer ist doch irgendwas!

So flog die Zeit dahin
Jahr um Jahr verging
doch irgendwann – fast über Nacht
fehlte uns plötzlich die Kraft
Gebrechen stellten sich ein
und als wir zur Besinnung kamen
stellten wir fest, dass wir
mit uns Raubbau getrieben haben
und es ist gewiss, so wie es ist:
Unser Leben hängt nur noch
an einem seidenen Faden

November 2011

Ohne Sonnenstrahl

Wenn kein Sonnenstrahl mehr
die Seele berührt
und man die Erinnerung
immer weniger spürt
wird das Leben öde und leer
und die Hoffnung entschwindet
mehr und mehr
doch die Sehnsucht
ganz tief im Herzen ist geblieben
nach Liebe,
ein wenig Glück
und Frieden

September 2022

Ein Licht

Da scheint in der Ferne ein Licht
ich gehe und gehe
und erreiche es nicht
etwas hält mich im Dunkeln gefangen
und ich wär' doch so gerne
ins Licht gegangen

Da ist ein Licht –
ein Hoffnungsschimmer
erreiche ich es nicht
bin ich dann verloren
vielleicht für immer?

Doch plötzlich ist es da
zum Greifen nah
denn du kamst in mein Leben
hast mir das Licht
und wieder Hoffnung gegeben

April 2007

Die Lebensuhr

Der Zeiger der Uhr dreht sich im Kreis
mal schlägt sie laut und manchmal leis'
mal hell und mal in dunklen Tönen
mal mit Ächzen, mal mit Stöhnen
doch solange sie schlägt
ist es niemals zu spät –
und bleibt sie einmal stehen
ist es um dich geschehen

Da hilft kein Rütteln und kein Schütteln
kein Betteln und kein Flehen
die Zeit steht still
und du musst gehen –
der letzte Schlag war für die Ewigkeit
und schon bist du Vergangenheit

August 1989

Der Weg des Lebens

Der Weg vor mir
ist lang und schwer
ich muss ihn gehen
und mein Herz ist leer
nur vorwärtsschauen
und niemals zurück
denn was hinter mir liegt
das nennt man Glück

Es ging vorbei
als wär' nichts geschehen
nun bin ich allein
und allein muss ich gehen
den Weg vor mir
der lang und schwer
hab' keine Hoffnung
und keine Tränen mehr

Februar 1986

Deine Nähe

Vor langer Zeit
gingst du von mir
ich wollte dich vergessen
doch wo ich gehe und stehe
da spür' ich deine Nähe

Ich fühl' noch immer deine Hände
deine Zärtlichkeit
deine Augen sprachen Bände
doch dein Mund blieb stumm
und ich weiß, warum

Da ist ein Mensch an deiner Seite
den du nicht verlassen kannst
nur im Traum bin ich bei dir
doch deine Nähe –
deine Nähe gibst du IHR

August 2008

Zwei Menschen

Am Anfang sagte ER zu IHR:
„Vom Himmel hol' ich die Sterne dir
und leg' dir den Mond zu Füßen,
die Sonne soll immer scheinen
und du darfst niemals weinen."

Ein Jahr verging, dann war'n es zwei –
und schließlich waren sie zu „Drei"
Kaum leuchtet noch ein Stern –
und dunkel ward der Himmel –
der Mond unsagbar fern –
die Sonne schien nur noch selten
dafür gab es Streit und Schelten

Zehn Jahre gingen dahin
fast alles ohne Sinn –
sie konnten sich nichts mehr geben
und jeder lebte sein Leben
das Schicksal hatte die Weichen gestellt
nichts ist von Dauer auf dieser Welt

Juli 1989

Schritt für Schritt

Vielleicht denkst du
so manches Mal
das Leben ist öde und leer
du kannst nicht mehr
nach vorne schauen
und niemandem mehr vertrauen
du siehst nicht mehr des Tages Licht
und deine Welt zerbricht
doch irgendwie
geht Schritt für Schritt
die Hoffnung mit dir mit

Schau' einmal nachts
zum Himmelszelt
und du siehst die Sterne leuchten
auf die dunkle Welt
einer davon leuchtet
nur für dich allein
es wird dein Glücksstern sein
vertraue ihm
und du wirst sehen
alles wird viel besser gehen
und außerdem
geht Schritt für Schritt
die Hoffnung mit dir mit

Mai 2013

II. Teil

Verschiedenes
und
Allgemeines

Fantasie-Gedicht

DAS BLÜMELEIN

Da wächst aus einem Stein ein Blümelein.
Eine Biene summt herbei und fragt:
„Sag', Blümelein, wieso wächst du aus einem Stein?"
Das Blümelein seufzt und sagt:
„Ach Biene, du darfst nicht danach fragen,
ich kann es dir nicht sagen."
Die Biene summt: „Nun gut, nun gut,
dann will ich weiterfliegen,
doch sei auf der Hut!", und fliegt davon.

Kurz darauf setzt sich ein Schmetterling
auf seine Blüte hin und wispert:
„Hey Blümelein, warum wächst du aus einem Stein?"
Und wieder seufzt das Blümelein:
„Ach Schmetterling, du zartes Ding,
du darfst nicht danach fragen, ich kann es dir nicht
sagen."
„Okay, okay", wispert der Schmetterling,
„dann will ich weiterziehen", und flog dahin.

Kurz darauf krabbelte ein Käfer herbei,
sah das Blümlein an und brummelte:
„Warum wächst du aus einem Stein?"
Noch einmal seufzt das Blümelein:
„Ach Käferchen, du darfst nicht danach fragen,
ich kann es dir nicht sagen."
„Dann wünsch' ich dir noch viel Glück!",
brummelte der Käfer und krabbelte seinen Weg
zurück.

Am Tag darauf fegte ein Sturmwind übers Land
und riss das Blümlein mit sich fort.
Zurück blieb nur ein blanker Stein –
armes Blümelein!

April 2023

Schöner Frühling

Wälder und Wiesen
sind schon grün
bunte Blumen wollen blühen
Ein milder Wind weht
über Flur und Feld
hoch scheint die Sonn'
am Himmelszelt
erwärmt des Menschen Herz
und lindert vielleicht einen Schmerz

Bächlein fließen fröhlich
irgendwo aus ihrer Quell'
Tiere wachen auf aus tiefem Schlaf
und sind schon bald zur Stell'
Horch – ein Lied
klingt in der Ferne
schöner Frühling, du bist da
wir haben dich so gerne

Mai 2014

Ein Schutzengel

Ein Engel kam hernieder auf die Erde
um zu schauen, wo er tätig werde

Er sah Menschen ohne Zahl
doch helfen durfte er nur EINEM
es war für ihn eine Qual

Er sah viele Wunden und Schmerzen,
Not und Leid
und gebrochene Herzen
er sah Sorge und Angst
in so manchem Gesicht
und dann sah er dich!

Es hatte dich gerade
ein Unglück getroffen
Du warst verzweifelt,
konntest nicht mehr hoffen
du warst schon bereit,
dir das Leben zu nehmen –
da hörtest du eine Stimme sagen:
„Du darfst nicht verzagen,
jetzt bin ich hier, bei dir,
glaube an mich, ich behüte dich,
du bist nicht mehr allein
und ich werde von nun an
dein Schutzengel sein!“

September 2011

Das alte Haus

Am Rande des Dorfes
steht ein altes Haus
die Mauern zerfallen
das Dach bricht ein
tote Fenster starren
ins Land hinein

Einst herrschte hier Leben
Lachen, Weinen
und Kindergeschrei
doch lang ist es her und
schon sehr lange vorbei

Vater und Mutter starben
die Kinder wanderten
in die Welt hinaus
und niemand kehrte zurück
in das alte Haus

So steht es verlassen
an jenem Ort
ein Sturmwind fegt
so vieles noch fort
und eines Tages
wird es so sein
da findet man hier und da
nur noch einen Stein

November 2012

Niemand

Verloren geht er durch die Straßen
einsam und verlassen
sein Name war ihm nicht bekannt
so hat er Niemand
sich genannt

Er hatte kein Zuhaus'
und sah wie ein Bettler aus
keiner reichte ihm die Hand
es gab nichts, was ihn verband

In seiner Brust jedoch
da schlug ein starkes Herz
doch mit der Zeit
fühlte es nur noch
der Welten Schmerz

Es kam der Tag
da konnte Niemand
so nicht mehr leben
doch sein gutes Herz
das wollt' er weitergeben

Nun schlägt sein Herz
in eines fremden Menschen Brust
so stark und gut
und spendet wieder Lebensmut

Der Mensch steht nun an seinem Grab
und auf dem Stein, den er ihm gab
da steht geschrieben:
„Hier soll zwar ein Niemand liegen,
doch für mich ist er ein Held –
der größte dieser Welt!“
Du hast mir einst dein Herz gegeben
nur deshalb konnt’ ich weiterleben

So fand Niemand übers Grab hinaus
doch noch ein Zuhaus’

August 2011

Brüderchen und Schwesterchen

(in einem fernen Lande)

Der Vater war im Krieg verschollen
und plötzlich ist die Mutter tot
Brüderchen und Schwesterchen
waren ganz allein
und keiner wollte für sie da sein
da nahmen sie sich bei der Hand
und gingen fort ins weite Land

Viele Menschen haben sie gesehen
doch niemand wollt' sie zu sich nehmen,
denn sie haben nichts besessen
ab und zu gab es mal ein Essen
oder ein Stück Brot
und immer größer ward die Not

Eines Tages kamen sie an ein schönes Haus
und eine weise Frau schaute zum Fenster raus
sie sah die beiden Kinder
so arm und noch so klein
und hat sie aufgenommen
in ihr schönes Heim

Nun hatten Brüderchen und Schwesterchen
wieder ein Zuhaus'
bald konnten sie wieder fröhlich sein
und mit der Zeit
dann irgendwann
war die gute, weise Frau
ihr neues Mütterlein

Februar 2012

Illusionen

Man kann mit Illusionen leben
über Wolken schweben
vieles scheint zum Greifen nah
in Wirklichkeit ist gar nichts da

Ohne jede Illusion
ist das Leben grau in grau
doch mit Illusionen
scheint die Sonne heller
und der Himmel blau

Sieht man Sterne leuchten
im hellen Sonnenschein
und alle Menschen wollen
plötzlich Freunde sein
wer glaubt denn so was schon?
Das ist doch eine Illusion!

Wer aber dennoch denkt
Glück und Liebe
würden für immer geschenkt
es gäbe weder Spott noch Hohn
der lebt mit einer Illusion

April 2010

Es war einmal …

Es war einmal vor vielen Jahren
als wir einst Kinder waren
da spielten wir noch Ringelreihe
wir tanzten, lachten, konnten fröhlich sein
oftmals vergaßen wir die Zeit
bis die Mutter rief:
„Kinder, kommt gleich rein,
das Essen steht bereit!“
Und niemand dachte je daran
dass es sie geben kann:
die Vergänglichkeit

Die Jahre flogen dahin
mal mit, mal ohne Sinn
mal in Freude
mal im Leid
inzwischen haben wir erkannt
dass es sie gibt:
die Vergänglichkeit

Wir sehen die Sonne untergehen
den Mond am Himmel stehen
und Sterne leuchten hell
auf die dunkle Welt
wie schon seit einer Ewigkeit
und haben so erfahren
für diese Himmelselemente
gibt es sie nicht:
die Vergänglichkeit

Mai 2022

Tanzen unterm Regenbogen

Komm', reich mir deine Hand
und geh' mit mir
ins Regenbogenland
dort möcht' ich einmal tanzen
im hellen, bunten Schein
dann könnt' ich glücklich sein

Vielleicht ist es ein Weg
ohne Wiederkehr
doch einmal nur möcht' ich tanzen
unterm Regenbogen
das wünsch' ich mir so sehr

Doch irgendwann
war da ein Traum
in dem ich jäh erkannt',
der Weg ist viel zu weit
ich werd' es nie erreichen
mein Regenbogenland

Oktober 2012

Träume

Ich lief durch viele Räume
und suchte meine Träume
doch alle waren sie dahin
das Suchen machte keinen Sinn

„Träume sind Schäume“
sagt man allgemein
vielleicht muss das
gar nicht so sein

Wenn in langer, finstrer Nacht
einmal ein schöner Traum
in dir erwacht
dann halt' ihn fest,
lass' ihn nicht gehen
vielleicht wird er ja wahr
es könnte doch einmal
ein Wunder geschehen

September 2014

In die Ferne

Er ging in die Ferne
in ein fremdes Land
er verließ die Heimatstadt
weil ihn hier nichts mehr band

Die Liebe und das Glück
hatten ihn verlassen
sein Elternhaus steht leer
er fing schon an
sich selbst zu hassen
denn niemand brauchte ihn mehr

Er suchte in der Ferne
nach einem neuen Glück
ob er es jemals fand
das wurde nicht bekannt
er kehrte nie zurück

Februar 2005

Beim Kerzenschein

Der Tag geht zu Ende
und die Dämmerung bricht herein
ich zünde eine Kerze an
schau' sinnend in den warmen Schein

Die Gedanken wandern in die Nostalgie
verweilen in Erinnerung
denn manches,
das vergisst man nie

Plötzlich ist mir so
als wärst du hier, direkt neben mir
ich sehe dein Gesicht
und höre deine Stimme, die mir sagt:
„Ich werd' dich immer lieben vom
ersten bis zum letzten Tag!"

Doch du gingst einfach fort
kamst nie mehr zurück
du nahmst mein Leben mit
die Liebe und das Glück

Nun flackert die Kerze
bald geht sie aus
und dann wird es dunkel sein
ich kehre zurück in die Wirklichkeit
und weiß: Ich bin allein

August 2011

Das Briefchen

An einem trüben Tag
irgendwann im Jahr
auf dem Tische lag
ein Briefchen sonderbar

Es kam aus fernem Land
die Schrift mir unbekannt
doch auf dem Umschlag war
mein Name klipp und klar

Als ich die Zeilen las
da konnt' ich es nicht fassen
nach 30 Jahren schrieb er mir
dass er mich nie vergaß

Versunken war die Zeit
nun ist sie wieder da
die Stunden voller Glück
die Herzen sich so nah

Er war einst fortgegangen
in ein anderes Land
wir durften uns nicht lieben
es siegte der Verstand

Dezember 1984

Die Zuversicht

Der Mensch –
wie oft sucht er vergebens
nach dem Sinn des Lebens
weil er ihn nicht finden kann
wird er zum Pessimist
und lebt ohne Zuversicht

So manches Mal
ist auch das Leben schwer
oft hat man keine Hoffnung mehr
und es fehlt die Zuversicht
doch ohne sie, da geht es nicht

Man sollte in die Zukunft schauen
und vielleicht auf Gott vertrauen
nur er allein gibt uns das Licht
die Hoffnung und die Zuversicht

November 2012

Der Clown

Er tanzt und singt und lacht
so er den Menschen Freude macht
doch hinter der Maskerade
sieht man nicht
dass vielleicht gerade
sein Herz zerbricht

Jedoch in einer stillen Stund'
da weint er bitt're Tränen
aus seinem Herzen wund
niemand darf es sehen
denn keiner würd's verstehen

Denn ein Clown,
das ist und bleibt ein Clown
hinter bunten Farben
versteckt er sein Gesicht
schließlich muss er lustig sein
und alles andere sieht man nicht

April 2012

Am See

Im hellen Sonnenlicht
stand ich an einem See
sah Lichter auf den Wellen tanzen
und in des Wassers Spiegel
sah ich mein Gesicht
doch es ging verloren
und ich wanderte
durch Raum und Zeit
einen Weg
so weit – so weit –
irgendwann kam ich zurück
und da war es dunkel
doch im Mondenschein
sah ich auf den Wellen
wieder Lichter tanzen
aber mein Gesicht –
mein Gesicht, das sah ich nicht

März 2011

Des Teufels Lachen

Wenn die Menschen Fehler machen
hat der Teufel was zu lachen
da er sich am Leid der Menschen freut
mit Häme und Verschlagenheit

Wirst du in finstrer Nacht
einmal aus einem bösen Traum erwachen
dann hörst du des Teufels Lachen
Er macht seine Opfer mies und klein,
denn er will ja der Größte sein!

Vielleicht denken wir,
wir sind verloren –
nein, das muss nicht sein!
Zum Leben sind wir auserkoren
Gott hat es so gewollt
und nicht, dass uns der Teufel holt!
Das Lachen wird ihm schon vergehen,
denn Gott der Herr
wird uns zur Seite stehen

Februar 2012

Der gute/böse Mensch

Der Mensch,
er ist im Grunde gut
doch packt ihn ab und zu die Wut
dann wird er böse und gemein
so ist der Mensch
so kann er sein

Der „Böse“:
Nach Hass und Neid
steht ihm der Sinn
Zwietracht säen
ist was für ihn
hämisch über andere reden
darin sieht er den Sinn fürs Leben

Der „Gute“:
Er hat ein gutes Herz
teilt Freude und auch Schmerz
er ist auch zu jederzeit
fürsorglich und hilfsbereit
zur Not
da opfert er sein Leben
er ist ein Mensch von Gott gegeben

August 2004

Hören und Sehen

Noch höre ich die Vöglein singen
und die Wellen rauschen
noch höre ich die Lieder klingen
kann ihrem Klange lauschen
doch irgendwann
ist es ganz still
weil das Schicksal es so will

Noch sehe ich die goldene Sonne
und des Mondes Silberlicht
noch sehe ich den Sternenhimmel
den wunderbaren hellen Schein
doch einmal wird es dunkel sein
nur, wann es sein wird,
weiß ich nicht

Das Leben ist so kurz
doch manchmal auch schön
und wenn der Himmel es will
schenkt er uns ein Leben lang
Hören und Sehen

Juli 2010

Sonne, Mond und Sterne

Die Sonne bringt es an den Tag,
was oft lange im Verborgenen lag
sie wärmt so manches kranke Herz
und lindert auch der Seele Schmerz

Irrst Du in dunkler Nacht umher
und findest keine Ruh'
niemand hört und sieht Dich mehr
doch der Mond, der schaut Dir zu

Sieh' Dir doch die Sterne an
such' Dir den hellsten aus
und glaube einfach fest daran
er leuchtet Dir den Weg nach Haus'

November 2003

Schicksalswege

Der Mensch muss viele Wege gehen
und kann so manches nicht verstehen
alles wird vom Schicksal vorbestimmt
das Schicksal gibt
das Schicksal nimmt

Das Schicksal lässt sich nicht greifen
und auch nicht fassen
man kann es lieben
oder auch hassen
was auch immer das Leben bringt
es ist alles vom Schicksal bestimmt

Dezember 2008

Sterne

Silbern leuchten Sterne
auf die dunkle Welt
aus endlos weiter Ferne
niemand hat sie je gezählt

Ach, ich möchte ja so gern
nur einmal einen Stern
in den Händen halten
doch das wird nie geschehen
denn wenn ein Stern vom Himmel fällt
muss er gleich wieder vergehen

Auch in finstrer Nacht
werden alle unsere Träume
von silberhellen Sternen
behütet und bewacht

November 2011

Wenn die Wolken ziehen

Sieh' nur, wie die Wolken ziehen
niemand kann dir sagen, wohin
sie sind fern, unsagbar weit
ziehen sie in die Ewigkeit?

Wenn aus dunklen Wolken
einmal Regen fällt
kamen sie vielleicht zurück
aus einer anderen Welt

O helles Licht
O Dunkelheit
ich schau' in die Unendlichkeit
und immer, immer ziehen
Wolken still dahin

September 2006

Drei Birken

Da standen einst
drei Birken am Wiesenrand
und manches Vöglein darin sang
doch quasi über Nacht
hat der Teufel, sprich: Mensch
sie dahingerafft

Der Platz ist nun öde und leer
kein Vöglein singt dort mehr
drei Baumstümpfe
modern nun vor sich hin
warum musste das geschehen
und wo ist da der Sinn?

März 2020

Herbstbeginn

Die letzten Rosen sind verblüht
kühler Wind durch Wälder zieht
die Heide steht im schönsten Glanz
Nebel auf den Wiesen tanzt
mit dem Sommer ging
auch die Liebe hin
ruhig schlägt nun das Herz
von Sorg' und Not befreit
für den Herbst bereit

September 1996

Der Baum

Der Baum auf einer Wiese stand
und er sein Dasein nutzlos fand
er sprach zu sich: „Was soll denn das?“
warf seine Blätter in das Gras
und schüttelte die Äste
gleich einer müden Geste –
beim nächsten Sturm, da knick ich ein
dann ist es aus – so soll es sein –
er wusste es
er war ja nur
ein kleines Spielzeug der Natur

Februar 1990

Der Sturmwind

Er raste über Land und Meer
er wütete gar sehr
er riss die stärksten Bäume um
manche starben krachend
manche auch nur stumm

Er sauste durch die Straßen
und deckte Häuser ab
er wurde Mensch und Tier zum Grab
es gab kein Innehalten
der Naturgewalten
er hat im Nu vernichtet
was immer auch vom Mensch errichtet

Februar 1990

Lebensmut

Verzage nicht am Leben
nur vorwärts streben sei dein Ziel
und irgendwie hast du's geschafft
ein starker Wille gibt die die Kraft
wieder die Sonne zu sehen
und fröhlich durch's Leben zu gehen.

Nimm einen lieben Menschen
bei der Hand,
wander' hinaus
ins schöne Vaterland
Genieße die Zeit deines Lebens
und am Ende wirst du erfahren:
Nichts war vergebens.

Januar 2023

Ein Traum

Ich sah im Traum eine Perle
sie schimmerte so wunderbar
ich wollte nach ihr greifen
da zerrann sie wie Wasser so klar

Es war nur eine Träne
geweint im Glück oder Leid
aus Liebe oder Sehnsucht
vielleicht aus Einsamkeit?

Januar 1986

Der Tag

Genieße jeden neuen Tag
mag kommen, was da kommen mag
wir haben nur das eine Leben
das uns einst von Gott gegeben

Müssen wir mal Schmerzen leiden
kämpfen wir dagegen an
und wir hoffen Tag für Tag
dass es nur besser werden kann
denn wir sind nicht umsonst geboren
nur wer nicht kämpft –
hat bereits verloren

Wenn ein neuer Tag erwacht
und schon die Sonn' am Himmel lacht
fühlen wir uns frei und gut
alle Wolken sind verflogen
doch ein alter Spruch besagt:
„Man soll den Tag nicht
vor dem Abend loben!"

September 2021

Der Weg ins Licht

Ich gehe durch ein dunkles Tal
und finde keinen Weg hinaus
ich geh' und geh'
und suche und rufe
doch Stille ringsumher
und die Schritte werden schwer

Da! Plötzlich ein helles Licht!
Nun sehe ich den Weg
und zögere nicht
ich laufe und laufe
hin zu dem hellen Schein
und er nimmt meine Seele auf
in das ewige Sein

Februar 2010

Ein dunkler Traum

Eine Gestalt mit dunklem Umhang
kam des Weges mir entgegen
und blieb vor mir stehen
ich habe direkt in sein fahles
Antlitz gesehen

Er reichte mir
seine knochenharte, kalte Hand
und führte mich direkt
an meines Grabes Rand

Ich schaute hinab in die Dunkelheit
und spürte einen Hauch von Ewigkeit
Frieden und Stille ringsumher
so konnte ich Abschied nehmen
und es fiel mir nicht schwer

Ich bin aus diesem
dunklen Traum erwacht
und habe darüber nachgedacht
irgendwann wird es geschehen
denn einmal müssen
wir alle gehen

Februar 2011

Das Vöglein

Ein Vöglein einst im Baume sang
sein Lied mir tief ins Herze drang
so lange ist’s schon her
warum singt es nicht mehr?

Ist es nur noch Widerhall
das schöne Lied der Nachtigall?
O kehr zurück und singe
von Glück und Seligkeit
O kehr zurück und bringe
dem Herzen wieder Freud’!

Februar 1990

Das kleine Reh

Da stand auf einer Wiese
einst ein kleines Reh
mitten in Eis und Schnee
es zitterte vor Kälte
der Hunger tat ihm weh

Das sah ein Jägersmann
sein Mitleid ward so groß
dass er es nicht erschoss
und er's mit nach Hause nahm

Februar 2007

Kleine Trixie

Es war in einem Tierheim
da kamst Du angelaufen
ich nahm Dich auf den Arm
gleich wurde mir ums Herz ganz warm

Wir haben Dich mitgenommen
in unser schönes Heim
so bist Du angekommen
und bleibst nie mehr allein

Du liebes, kleines Beagle-Mädchen
warst uns unbekannt
Trixie wurdest Du genannt
nun bist Du unser größter Schatz
und stehst in unseren Herzen
schon auf dem ersten Platz

Es sollen viele Jahre vergehen
und müssen wir einst Abschied nehmen
dann ruhst Du in unserem Garten
und Deine kleine Seele
wird im Himmel auf uns warten

In großer Liebe
Dein Frauchen und Herrchen

März 2023

Kuckuck

Ich gehe durch den grünen Wald
und höre, wie von Ferne,
eines Kuckucks Ruf erschallt
auf einmal war mir froh zumut'
des Kuckucks Ruf –
er tat mit gut
Kuckuck, kuckuck, kuckuck!

Hallo, kleines Vögelein
dort im hohen Baume
lass' deinen Ruf erschallen –
Kuckuck, kuckuck, kuckuck!

Ich lausche auf den Widerhall
und hör' dich noch im Traume
du kannst den Menschen
Freude geben
Gott schenke dir ein langes Leben
Kuckuck, kuckuck, kuckuck!

März 2000

Lucky

Der kleine Hund am Straßenrand
war halb verhungert, als man ihn fand
er hatte kein Zuhaus'
man setzte ihn einfach aus

Er kam im Heim zu vielen Tieren
und war doch ganz allein
Sie nannten ihn „Lucky"
doch glücklich war er dort nie

Viele Menschen kamen und schauten ihn an
keiner war dabei, der ihn nahm
Keiner sah seinen traurigen Blick
Augen, die bettelten: „Nimm mich doch mit!"

Doch an einem Tag, der voll Sonne war
stand plötzlich ein kleines Mädchen da
Es rief: „Lucky, ich mag dich!
Ich nehm' dich mit heim!
Du sollst wieder ein fröhliches Hündchen sein!"

Dankbar leckte er ihre Hand
als ob er diese Worte verstand
nun war er glücklich
denn er wurde wieder geliebt
weil es ja auch für Tiere nichts Schöneres gibt

Mai 2003

Der kleine Dackel Benny

Der kleine Dackel Benny
hatte ein schönes Zuhaus' –
doch eines Tages, da lief er
einfach auf die Straße hinaus

Es kam, wie's kommen musste –
Bremsen quietschten –
ein kurzer Schrei –
dann war es mit Benny vorbei

Der junge Mann am Steuer
hatte es zu spät erkannt
der kleine Hund war ihm
einfach in sein Auto gerannt

Bennys Körbchen bleibt nun leer
sein lustiges Bellen verhallt
seine treuen Augen schauen nicht mehr
armer Benny, du wurdest nicht alt

Am Rande des Gartens
ist nun sein kleines Grab
ach, kleiner Dackel
wusstest du eigentlich, wie lieb ich dich hab'?

November 2003

Das Häschen

Ein Häschen
hoppelt über Flur und Feld,
hat seine Ohren aufgestellt
es schaute hin
und schaute her
war da vielleicht ein Jägersmann
mit einem Schießgewehr?

Doch die Gefahr
war ganz woanders da
Ein Vogel
schwarz und riesengroß
stürzte herab
packte das Häschen
und ließ es nicht mehr los

Die Gefahr konnt' es
nicht sehen
und um 's Häschen
war's geschehen

Es dauert
jedoch nicht lang
da hoppelte schon wieder
ein neues Häschen an

September 2013

Das Gänseblümchen

An einem Wiesenrain
da stand ganz verloren
ein Gänseblümelein
die Sonne wärmte sein Blütenkleid
und zärtlich wiegt es der Wind
hin und her wie ein Kind

Tröstend kommt der Schatten der Nacht
doch als es am andern Morgen erwacht,
da schlug das Schicksal noch einmal zu –
das Blümelein fand seine Ruh'

Ein giftiger Hauch von irgendwoher
nahm ihm das kleine Leben
das letzte Blümlein ist nicht mehr –
es wird keine Gänseblümchen mehr geben

Juni 1989

Drei Lilien

Drei Lilien in dem Garten stehn
und fanden das sehr angenehm
sie spielten mit dem Winde
gleich einem kleinen Kinde
sie wollten ja die Schönsten sein –
gab es ab und zu mal Regen
war das für sie ein Segen –
dann putzten sie ihr Blütenkleid
für die schöne Sommerzeit

März 1990

Ruhelos

Durch die Straßen, durch die Gassen
eilen Menschen aller Rassen
laufen kreuz und laufen quer
wissen nicht wohin, woher

Ab und zu bleibt einer stehen
um sich einmal umzusehen
doch schon wieder muss er eilen –
nur nicht warten, nicht verweilen!

Wer weiß denn schon
was er versäumt
wenn er einmal in Ruhe träumt
vergisst des Alltags Müh' und Last –
und sich entspannt von aller Hast?

1989

Warum gehst du so schnell

Warum gehst du
so schnell von dannen
sag' mir
wo willst du hin
willst du deinen Sorgen
gar entfliehn?

Glaube mir
es wird dir nicht gelingen
wohin du auch immer gehst
sie gehen mit dir mit
und folgen dir
auf Schritt und Tritt

Versuche doch
einmal zu träumen
von einer schöneren Welt
wo alles andre dann egal ist
wo nur die Liebe zählt

April 2009

Der Wind

Er weht über Stadt und Land
durch Büsche und Bäume
hinein in alle Räume
er weht mir ins Gesicht
doch es gefällt mir nicht

Er heult, er säuselt und wispert
und mir ist
als ob er flüstert:
„Komm' mit mir auf die Reise
in ein schönere Welt
dorthin, wo es dir gefällt!"

Gerne würde ich mit ihm gehen
alles vergessen
mich lassen vom Winde verwehen
doch ich weiß unterdessen
schon der Gedanke ist Utopie
denn so etwas geschieht doch nie

November 2009

Der Schatten

Er geht an meiner Seite
bescheiden und ganz still
wird immer mich begleiten
wann immer ich es will

Ich kann ihm alles sagen
er hört mir schweigend zu
kann all mein Leid ihm klagen
und finde wieder Ruh'

Oft habe ich gedacht
wär' ich nicht so allein
und wenn ich traurig war
dann war er plötzlich da
braucht' nicht mehr traurig zu sein

Hast Du schon mal versucht
den Schatten einzufangen?
Nie wird es Dir gelingen
eh Du ihn hast erfasst
ist er Dir schon entgangen

1989

Frischzellen

Der Mensch ist schlimmer als ein Tier
Er tötet aus Frust
Er tötet aus Gier
Profit ist sein Bestreben
was ist schon ungebor'nes Leben?
So etwas hat Gott nicht gewollt –
dass sie doch der Teufel holt!

Was glaubt er denn
was es ihm bringt?
Dass er wird mit 70 wieder Kind?
Bis er mit 80 schließlich weiß
er ist und bleibt doch nur ein Greis!
Doch stolz sind sie
was sie erkaufen –
mögen sie im Blut ersaufen!

März 1989

Das Brot

Es war vor langer Zeit
kaum jemand weiß es mehr
da gab's kein Brot zu kaufen
die Geschäfte waren leer

Brot ist ein Heiligtum
man braucht es zum Leben
so bitten wir den lieben Gott
uns unser täglich' Brot zu geben

Heut' leben wir im Überfluss
und schwelgen im Genuss
doch käme eine Hungersnot
wie wären wir dann dankbar
für ein Stück trockenes Brot

März 2010

SORGEN

Quälen dich
heute viele Sorgen
so verweise sie auf morgen
Morgen ist ein neuer Tag
mag kommen, was da kommen mag

Sorgenfrei und froh zu leben
das ist unser höchstes Streben
doch es wird uns nicht gelingen
denn dazu fehlt das Glück
in vielen Dingen

Fragt man nicht oft:
„Was ist denn morgen?“
Schon sind sie wieder da –
die SORGEN
Lass' doch einfach mal die Sorgen sein –
denn was die Zukunft bringt
das weiß nur Gott allein

Juli 2014

Wenn es dunkel wird

Allmählich wird es dunkel
übers Land weht kalt der Wind
irgendwo, da weint ein Kind
Traurigkeit hält mich gefangen

Die Gedanken wandern
ruhelos umher
sie suchen einen hellen Schein
doch es dunkelt mehr und mehr

Leise weint das Herz
in seiner Einsamkeit
das Leben zieht dahin
schon bald ist es Vergangenheit

Juni 2006

Die Nacht

Der Tag geht zu Ende
und die Nacht beginnt
der Himmel ist finster
und der Regen, der rinnt

Hier und da geht ein Licht noch aus
ein Verirrter findet den Weg nach Haus'
irgendwo liegt ein Hund auf der Wacht
eben schlug es Mitternacht

Stunde um Stunde
lieg' ich schon wach
denk' über viele Dinge nach
wie mag morgen der Tag wohl sein?
Endlich schlaf' ich todmüde ein

Der Tag bricht schon an
als ich erwacht'
und wieder verging
eine endlose Nacht

November 1990

Die Finsternis

Wenn es finster ist
und du bist allein
dein Herz schlägt schwer
und du hast keine Hoffnung mehr
wenn die Einsamkeit dein Begleiter ist
so lebst du in der Finsternis

Tief auf dem Grund der Finsternis
das Böse auch zu Hause ist
es wartet nur auf „seine" Zeit
irgendwann ist es so weit

Es springt dich an
wie ein wildes Tier
maßlos in seiner Gier
doch du wehrst dich dagegen sehr
das Gute in dir
macht es ihm schwer
es kämpft gegen das Böse an
und wird den Kampf gewinnen
denn eine höhere Macht
gibt ihm dazu die Kraft

Juni 2013

Der Lebensweg

Der Weg ist ja so lang
kein Ende scheint in Sicht
doch es rückt unaufhaltsam näher
man glaubt, man merkt es nicht

Du hast im Leben viel erreicht
war es auch nicht immer leicht
auf einmal fällt dir ein
das kann's doch nicht gewesen sein
und du suchst für das letzte Stück
noch einmal nach dem Lebensglück

Nun musst du dich beeilen
und darfst nicht mehr verweilen
die Zeit, sie bleibt nicht stehen
denn irgendwo, da ist ein Mensch
der will mit dir gemeinsam
noch den Rest des Weges gehen

Dezember 2004

Das Tor zur Ewigkeit

Ich ging einen langen Weg,
endlos lang und weit
und steh' nun vor dem
Tor der Ewigkeit

Ich geh' hindurch und komme
in eine andere Welt
hier gibt's weder Raum noch Zeit
ich fühle nur Unendlichkeit

Doch von fern
da scheint ein Licht
vielleicht ist es mein Lebenslicht?
Ich laufe schnell und schneller
doch ich erreich' es nicht
dann plötzlich ist es aus –
ich trete ein in Gottes Haus

Ein Absturz

Am Himmel dort ein Feuerball
saust hinab mit lautem Knall
und reißt die Häuser ein –
die Menschen vor Entsetzen schreien –
bohrt in die Erd' ein Riesengrab
Gevatter Tod kam ungefragt
es stürzte einmal wieder
irgendein Flugzeug nieder

Dann kamen die Herren
und mit ernstem Blick
sucht man Beweise Stück für Stück
Es wird gefragt: „Wie konnte das nur geschehen?!
Und wer hat vielleicht etwas gesehen?"
Man sucht und forscht
und nach Wochen und Tagen
heißt das Ergebnis: Menschliches Versagen!

Februar 1990

Weihnachtszeit

Wenn feierlich die Glocken klingen
und alle Englein singen
wenn ein heller Stern erwacht
im Gelobten Land
dann ist das Christkind da
es ist von Gott gesandt

Dann knien die Menschen nieder
und danken Gott dem Herrn
und beten an der Liebe Macht
denn es ist Heil'ge Nacht

Es werden tausend Lichter brennen
für Jesus Christus nur allein
wir wollen uns zu ihm bekennen
denn er wird unser Retter sein
und Friede herrsche weit und breit
oh wunderbare Weihnachtzeit

November 2011

Ein Lied zur Weihnachtszeit

Da klingt ein Lied zur Weihnachtszeit
tönt durch die Lande
weit, so weit
fröhlich singt der Engel Schar
bald ist das Christkind da

Nun ist es Heil'ge Nacht
alles ist vollbracht
das Kindlein in der Krippe liegt
Maria es zum Schlafe wiegt

Wir danken dir
du guter Gott
dass du Jesus Christus uns gebracht
den Retter in der Not

Hell leuchtet ein Stern
über Betlehem
verkündet Frieden auf der Welt
so wie's dem Herrn gefällt

Weihnachten 2015

Weihnachten

(zum Gedenken an meine Mutter, die mich dieses Gedicht einst lehrte)

Nun läutet, ihr Glocken
von Turm zu Turm
frohlockend durchs Land
im Jubelsturm
des Flammenstoßes Geläut facht an
der Herr hat Großes an uns getan
Ehre sei Gott in der Höhe

Einst zürnte der Vater
dem Menschenkind
dem künftigen Himmelserben
dieweil es durch seine sehr große Sünd'
entgegenging dem Verderben
heut' bittet der Heiland
vergib Vater mein
ich will für die Menschen Bürge sein
Friede sei wieder auf Erden

Drum danken wir dir
du lieber, heil'ger und frommer Christ
dass du dich erbarmst unserer Sünden
und rettest uns vor des Satans List
und wir sind wieder Gottes Kinder
und Frieden herrsche weit und breit
o fröhliche, selige Weihnachtzeit
und den Menschen ein Wohlgefallen

Weihnachten 2011